W0202403

A CALCUTTA AVEC MÈRE TERESA

Dessin Noëlle Herrenschmidt
Texte Benoit Marchon
Lettrage Nicole Vilette

Avec la collaboration de
Françoise Récamier, François Mourvillier
et l'équipe d'Astrapi

CENTURION/ASTRAPI

CONNAIS

L'Inde par rapport à la France

L'Inde est à plus de 6 000 kilomètres de la France, ce qui représente plus de quatorze heures d'avion.

Un pays très peuplé

L'Inde est l'un des plus grands pays d'Asie.
Il est six fois plus grand que la France, mais il a douze fois plus d'habitants (783 millions) ; et 22 millions d'enfants naissent chaque année.
Le pays est divisé en 22 états. La capitale est New Delhi.
Pendant très longtemps, l'Inde a appartenu à l'Angleterre. Elle est devenue indépendante en 1947.

Plus de mille langues

Tous les Indiens ne parlent pas la même langue : il y a plus de 1 650 langues différentes !
Souvent, les gens d'une région ne comprennent pas ce que disent les gens de la région voisine. Face à ce problème, le gouvernement essaie d'imposer deux langues : l'hindi et l'anglais.

Un grand fleuve sacré

La religion la plus importante est l'hindouisme : 83 habitants sur 100 sont hindous. Ils adorent de nombreux dieux, parmi lesquels Shiva, Brahma et Vishnou, et ils croient que l'on vit plusieurs fois. Ceux qui le peuvent vont prier en se baignant dans un grand fleuve : le Gange. Pour eux, c'est un fleuve sacré qui purifie le corps et l'esprit.
Les deux religions les plus importantes, après l'hindouisme, sont la religion musulmane (11 habitants sur 100), et la religion chrétienne (2 habitants sur 100).

TU L'INDE ?

Sécheresse et inondations

Le climat est très différent de celui d'Europe. Trois saisons se succèdent de façon très irrégulière. D'octobre à mars, l'hiver est frais et sec. D'avril à mai, l'été est sec et très chaud (37° de moyenne). Puis, de juin à septembre, des pluies continuelles inondent tout. C'est ce qu'on appelle un climat de mousson.

La moitié du pays a faim

Les Indiens cultivent surtout le riz, le blé, la canne à sucre, l'arachide, le coton et le thé. Les conditions de culture sont difficiles à cause du climat très irrégulier de mousson. Mais, grâce à certains progrès techniques (graines de meilleure qualité, construction de barrages, creusement de canaux pour diriger et stocker l'eau des pluies), on peut améliorer les récoltes, et il y aurait de quoi nourrir toute la population. Pourtant, un Indien sur deux ne mange pas à sa faim.

En voici une des principales raisons : quelques millions de paysans possèdent beaucoup de terres. Ils gagnent assez d'argent avec leurs récoltes pour pouvoir améliorer les techniques de cultures. Ils deviennent donc encore plus riches.

Par contre, des centaines de millions de paysans possèdent trop peu de terres. Ils ne font pas assez de récoltes pour gagner de l'argent. Ils en empruntent, et comme ils ne peuvent pas le rembourser, ils sont obligés de vendre leurs terres. Ils viennent alors dans les villes pour trouver du travail. Beaucoup n'en trouvent pas et s'entassent dans des bidonvilles. Ils sont de plus en plus pauvres.

Pour que la pauvreté et la famine diminuent, il faudrait que les riches acceptent de redistribuer une partie de leurs terres.

En 1979, une religieuse, Mère Teresa, a reçu le prix Nobel de la Paix pour tout ce qu'elle fait pour les plus pauvres en Inde et dans le monde entier.

En novembre 1980, Noëlle, Françoise et Benoît ont fait pour le journal Astrapi un voyage à Calcutta, en Inde. Ils ont longuement visité les centres de Mère Teresa, dans lesquels travaillent les Missionnaires de la Charité.
Ils les ont questionnés, écoutés, regardés... et aidés.

Noëlle a fait des dessins, Françoise et Benoît ont pris des photos et des notes.
A leur retour, ils ont fait ensemble cette bande dessinée qui raconte le travail de Mère Teresa et des Missionnaires de la Charité à Calcutta.

UN BÉBÉ
EST RECUEILLI DANS LA RUE

« La première fois que j'ai marché
dans les rues de Calcutta,
une chose m'a sauté aux yeux. Ici, la rue
n'est pas un lieu où l'on passe,
comme chez nous, mais un lieu où l'on vit :
pour beaucoup d'Indiens,
c'est leur unique maison. »

Françoise

Il est sept heures du matin. Calcutta s'éveille.
C'est une des plus grandes villes de l'Inde, en Asie.
Douze millions d'habitants s'y entassent
dans d'anciens palais anglais, dans des immeubles,
dans des bidonvilles ou dans la rue.
La plupart des gens ont juste de quoi vivre.
Ils arrivent à gagner un peu d'argent
en faisant des petits métiers : récupération
des ordures, ou vente de nourriture dans la rue...
Ceux qui sont dans la misère
arrivent à la supporter grâce à leur famille,
aux voisins ou à des associations qui les aident.
Mais il y en a qui n'ont personne pour les aider.
Ce sont les plus pauvres parmi les pauvres
dont s'occupent Mère Teresa et ses soeurs missionnaires
de la Charité. Tous les jours, des soeurs vont dans la rue
pour leur venir en aide.

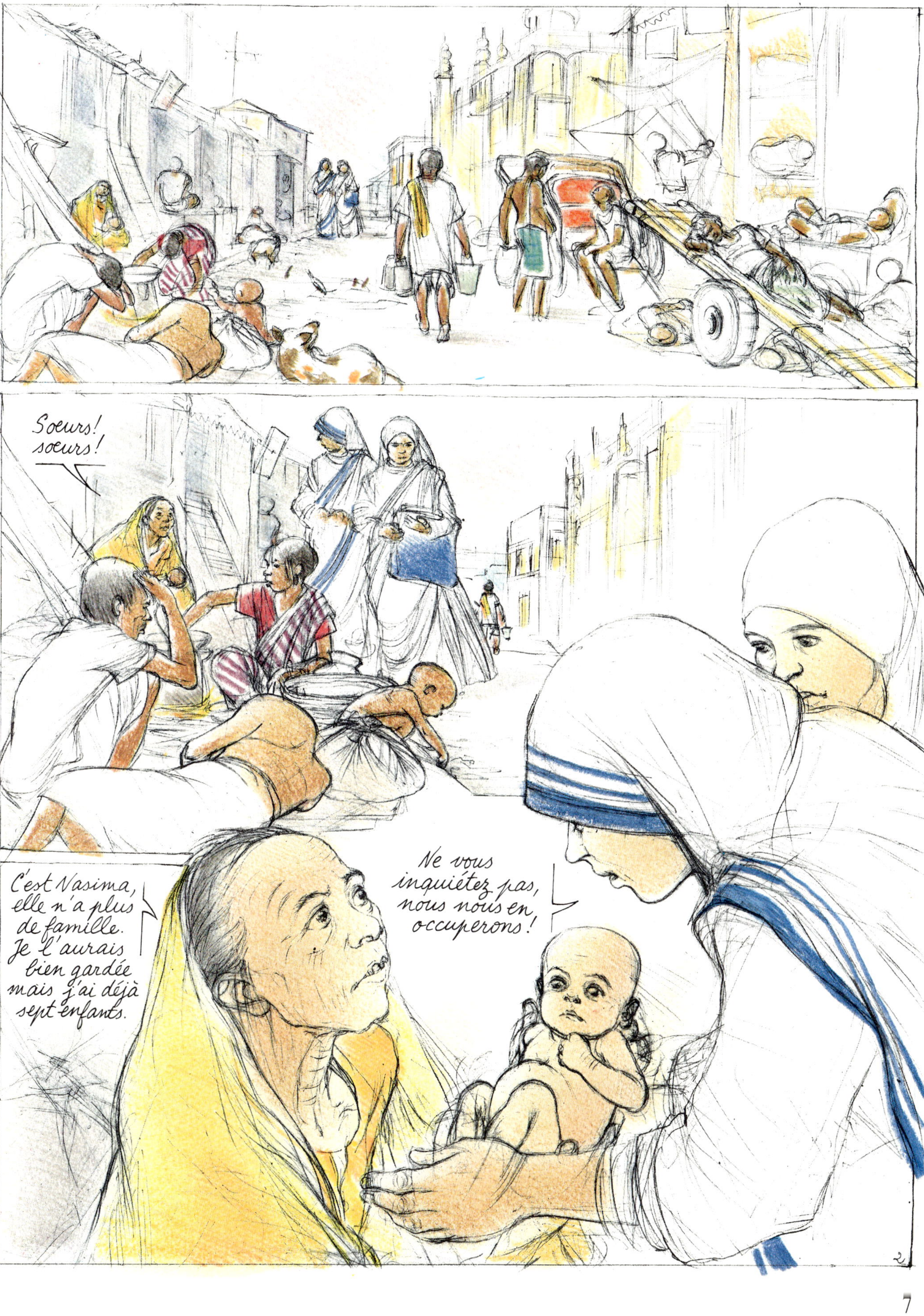
Soeurs! soeurs!
C'est Vasima, elle n'a plus de famille. Je l'aurais bien gardée mais j'ai déjà sept enfants.
Ne vous inquiétez pas, nous nous en occuperons!

* Cela signifie "maison des enfants".

NASIMA EST SOIGNÉE
A LA MAISON DES ENFANTS

« Dans ce centre, des bébés partout,
baignés, habillés, câlinés. Une sœur toute jeune
masse un bébé avec de l'huile,
longuement, tendrement, comme le font
toutes les mamans indiennes.
Une impression surprenante de bien-être,
hors du temps et de la ville. »

Noëlle

* Ce mot et ce geste des mains sont un signe d'accueil en Inde.

Soeur Mangala, regardez...
...Il faut vite s'occuper de ce bébé !
L'hôpital en a amené deux ce matin, dont un bébé prématuré pesant moins d'un kilo. Mais il n'a pas survécu.
Au bain, avec les autres !
5

Il y a cent cinquante enfants dans le centre. Beaucoup ont été recueillis parce qu'ils n'ont plus de famille. D'autres parce que leurs parents étaient trop pauvres pour les nourrir. Des femmes gagnent un peu d'argent en aidant les Sœurs. Elles s'occupent des enfants, font des vêtements, du lavage, de la cuisine.
Tous les lits sont pleins. Elle va partager le lit de Somir.
Regardez, Nasima sourit, maintenant ! La vie est en elle !
C'est toi, Manju ? Tu n'es pas en bas avec les plus grands ? Viens, nous allons descendre ensemble.

ARJUN
APPREND A MARCHER

« J'ai été très ému par ce garçon
de sept ans, qui ne savait pas encore marcher
ni parler, parce qu'il n'avait pas été
assez nourri à sa naissance.
Je pensais à mes deux enfants restés en France,
à leur chance d'être en pleine santé. »

Benoît

Ecoute comme ils chantent bien avec tante Ella. Va vite avec eux.

Mère!
"Tante Ella" est une Australienne qui vient six mois par an à Calcutta pour aider les Missionnaires de la Charité. Tous les volontaires indiens ou étrangers sont acceptés dans les centres de Mère Teresa.
Ils sont excités ce matin. Je vais les faire dessiner.

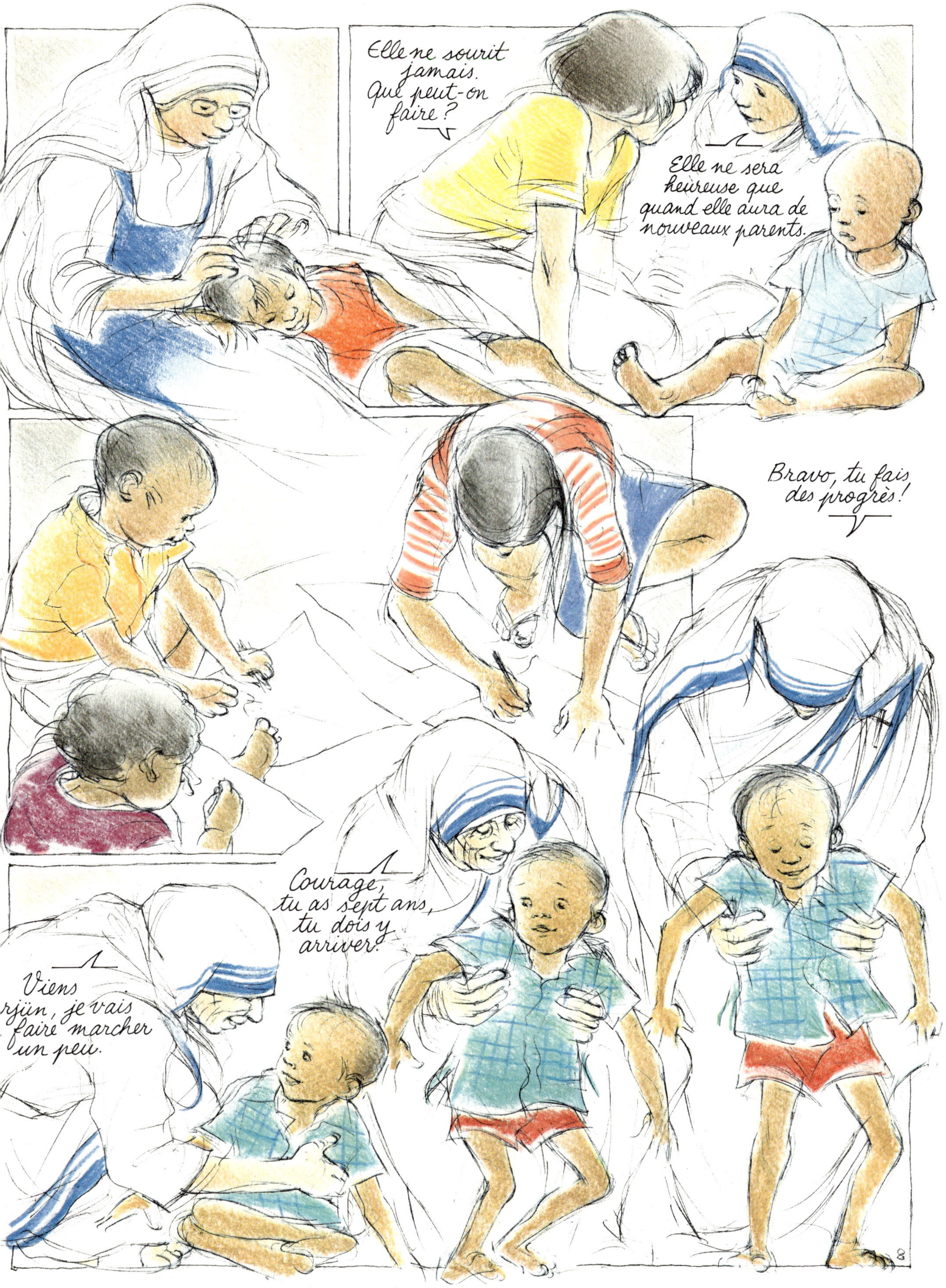
Elle ne sourit jamais. Que peut-on faire ?
Elle ne sera heureuse que quand elle aura de nouveaux parents.
Bravo, tu fais des progrès !
Viens rjün, je vais faire marcher un peu.
Courage, tu as sept ans, tu dois y arriver.
8

Venez, vous allez manger maintenant.
Attends, je vais t'aider.
Tu as toujours faim, toi. Mange ton riz plus doucement.
Mère Teresa, pouvons-nous vous parler?

UNE FAMILLE DÉSIRE ADOPTER UN ENFANT

« Un ami suisse qui vit depuis quinze ans
dans un bidonville de Calcutta m'a dit un jour :
— Ici, les enfants font la joie de toute la famille.
C'est pour ça que les adultes, même dans leur misère,
savent sourire et rire plus que partout ailleurs. »

Françoise

Vous désirez me parler ?
Mère Teresa, nous ne pouvons pas avoir d'enfants. Nous voudrions en adopter un. Est-ce possible ?
Bien sûr, tous ces enfants ont besoin de parents qui les aiment vraiment.
Mais tous ceux que vous recueillez sont adoptés ?
Non, nous cherchons d'abord à savoir s'ils n'ont vraiment aucune famille. Car c'est mieux qu'ils vivent dans leur vraie famille, même si elle est très pauvre.
Pour les autres, nous préférons trouver des parents d'adoption indiens pour que les enfants vivent dans leur pays.
10

Et les enfants handicapés sont-ils adoptés aussi ?
Certains, oui. Un jour, j'ai reçu une lettre d'un couple belge qui disait : "Nous voulons adopter un enfant handicapé. Nous avons assez d'amour pour l'élever et assez d'argent pour le faire rééduquer". C'est très beau non ?
Les handicapés qui ne sont pas adoptés grandissent chez nous et nous leur donnons du travail selon leurs possibilités...
... ainsi Ram-Nath, notre portier, a été élevé ici.
Nous voudrions adopter une petite fille.
C'est bien, car, malheureusement, en Inde, beaucoup de gens préfèrent encore adopter des garçons. De toute façon, nous élevons tous les enfants qui ne sont pas adoptés. Nous leur servons de parents jusqu'à leur mariage, et tout au long de leur vie.
11

Vous recevez des nouvelles de tous les enfants?
Bien sûr! Regardez notre album de photos!
Voici Uday. Il était aveugle depuis l'âge de deux ans. Ses parents canadiens l'ont fait opérer...
Voici Guita et Baloti. Ils habitent tout près d'ici.
Là, c'est Nina et son mari. Elle est restée ici seize ans. Son mari est marchand de fruits. Ils viennent d'avoir un bébé.
Mère, le camion de nourriture que vous attendiez vient d'arriver.
Excusez-moi. J'essaie de donner un peu de mon temps à chacun. Mais revenez me voir. Nous en reparlerons.

UNE MÈRE
CONFIE SON ENFANT MALADE

« Dans un étage du centre, des enfants
si maigres, si fragiles, sans âge.
Des regards qui appellent, si graves,
si douloureux, insoutenables.
Françoise et Benoît s'approchent, tentent
de communiquer. Moi, lâchement, je pars... »

Noëlle

Mère, la distribution de nourriture a commencé.
A Calcutta, la moitié de la population vit avec une assiette de riz par jour et par personne, juste de quoi ne pas mourir de faim.
Les Missionnaires de la Charité nourrissent gratuitement des milliers de personnes qui n'ont rien.
Ils sont si nombreux à avoir faim !

Les caisses de biscuits sont pour les enfants. On les emportera tout à l'heure.
Mais cet enfant a de la fièvre!
Je n'ai rien pour le soigner et le nourrir. Pourtant mon mari travaille dur. Mais il ne gagne pas assez d'argent pour élever nos quatre enfants.
Il faut montrer votre enfant au médecin. Venez avec moi...
14

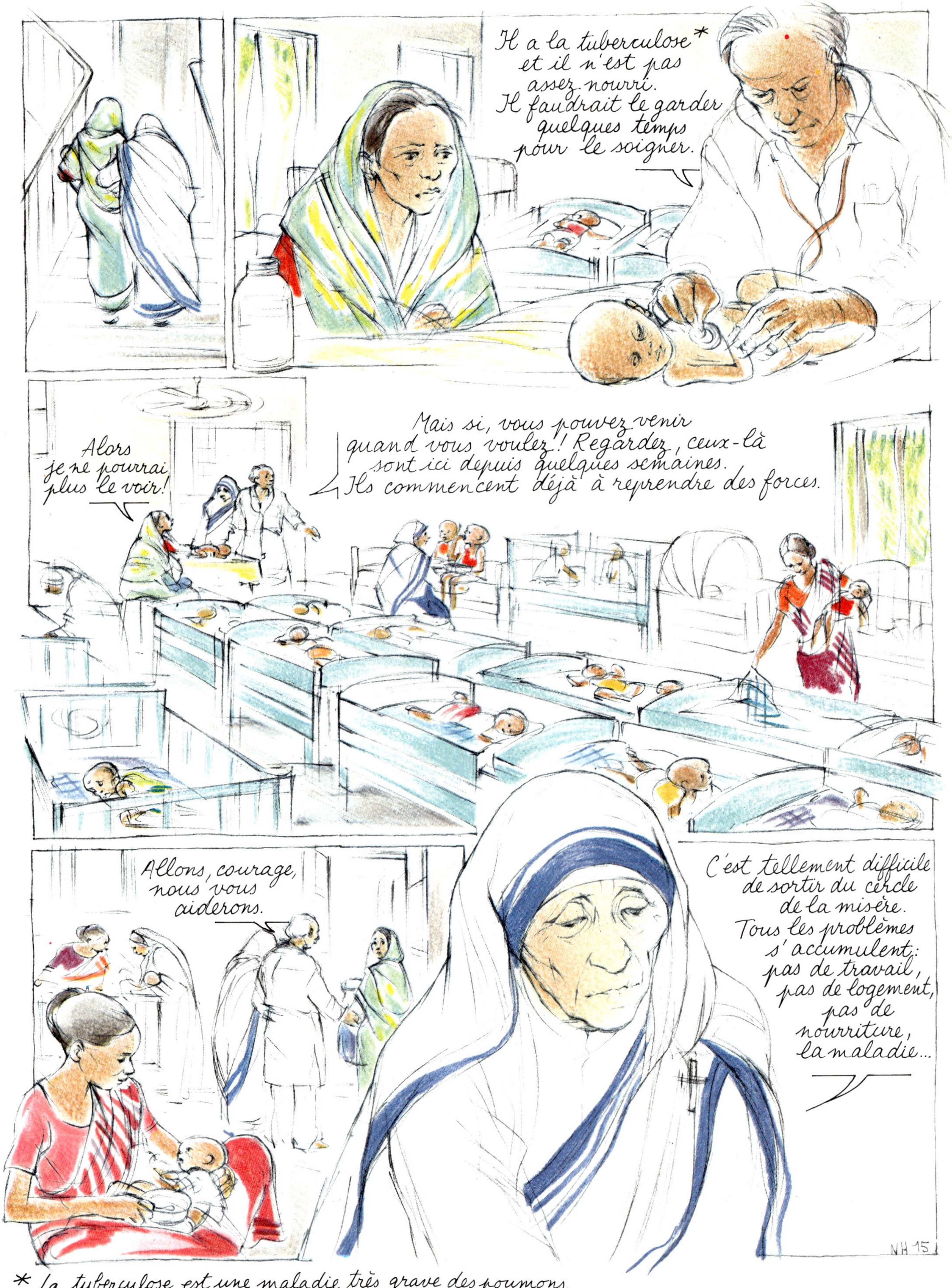

* La tuberculose est une maladie très grave des poumons. Il y a des milliers de tuberculeux en Inde.

L'ÉCOLE POUR LES ENFANTS DU BIDONVILLE

« Tous les jours, je voyais Topone,
un petit garçon de dix ans,
assis sur le trottoir, vendant du thé
et quelques biscuits aux passants. Il me dit :
– Mon père est mort. Je dois travailler
pour aider ma mère à nourrir mes trois frères.
Je travaille de cinq heures du matin
à onze heures du soir ! »
Comme beaucoup d'autres enfants de Calcutta,
Topone ne va pas à l'école.

Françoise

Mère Teresa, nous allons porter les biscuits à l'école de Moti Djheel.
Je vous suis.
Mishra, arrêtez-vous ici.
Sœur Mohini, regardez, quand je suis arrivée de Yougoslavie à dix-huit ans, j'ai été professeur puis directrice dans ce collège privé.
De ma fenêtre, je voyais ce bidonville. Un jour je me suis dit : " Je ne suis pas venue comme religieuse en Inde pour faire la classe à des enfants riches ! " Alors, j'ai quitté le collège pour venir dans ce bidonville.

Dans les bidonvilles de Calcutta, les gens sont entassés dans des pièces sans eau courante, sans électricité, sans égoût. Quand il pleut, tout est inondé.
Au début, j'ai réuni une vingtaine d'enfants. Je leur apprenais à lire et à compter en écrivant dans la boue. Petit à petit mes anciennes élèves m'ont aidée. Maintenant il y a plus de cinq cents enfants et ils ont une belle école.
Bonjour Mère!
Bonjour Nina!
La classe est presque finie!
17

Les Missionnaires de la Charité ont ouvert des écoles dans d'autres quartiers pauvres. A Calcutta, la moitié des enfants ne peuvent pas aller en classe...
Et maintenant, tous dans la cour... On va distribuer les biscuits et le lait.
Ce sont des enfants anglais, danois et allemands qui envoient régulièrement cette nourriture. Ils essaient de partager...
NH. 18

FRÈRE DAMIEN ET LA FOULE DES PAUVRES

« Une des gares de Calcutta, grouillante de vie,
pleine de cris des vendeurs de toutes sortes.
Et partout, immobiles, collés au sol,
des groupes humains, le regard vide, attendent quoi ?
Un désespoir silencieux, terrible... »

Noëlle

Mère, je voulais vous dire au revoir avant de partir travailler au centre des lépreux à Titagarh !
Frère Damien, venez, je vous accompagne à la gare.
SEALDAH STATION
19

Il n'y a pas de limites aux souffrances de notre peuple... et nous faisons si peu...
C'est vrai! Ce que nous faisons n'est qu'une goutte d'eau dans l'océan. Mais si cette goutte d'eau n'était pas là, elle manquerait.
Chaque jour, des centaines de paysans fuient la campagne à cause de la famine ou des inondations. Mais à Calcutta, leur misère est pire encore.
Dieu vous accompagne, Frère Damien.

Ils n'ont pas besoin de pitié. Ils ont besoin de compréhension, de respect, d'amour.
Tu peux me conduire à la léproserie des Frères Missionnaires de la Charité ?
Oui. C'est tout près de la voie ferrée.
NH 21

FRÈRE DAMIEN VA VIVRE AVEC LES LÉPREUX

« Après la misère des rues et des gares,
je m'attendais à pire encore
dans le centre des lépreux... Au contraire,
nous y avons vu des sourires,
nous y avons entendu des chants,
nous y avons trouvé des malades, s'aidant
entre eux pour essayer d'être heureux. »

Benoît

C'est ici !
Nomoskar !
GANDHI PREM NIVAS
Le terrain de Titagarh a été donné à Mère Teresa par la compagnie des chemins de fer. Ce sont les lépreux eux-mêmes qui ont construit les bâtiments.
Bienvenue !
Bonjour, je m'appelle Frère Damien. Je viens vivre avec vous.
Je vais vous conduire à Frère Cristodas.
22

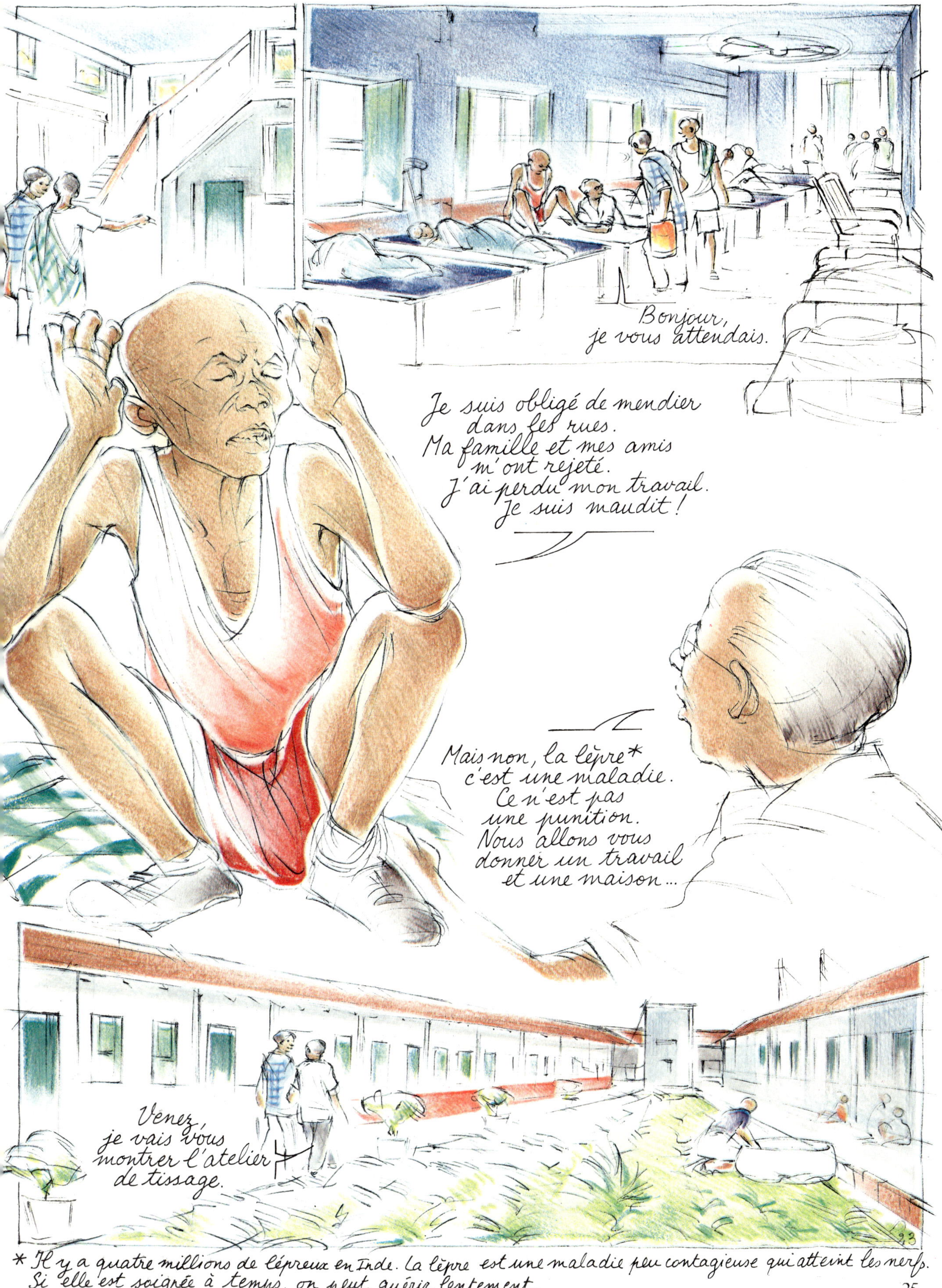

* Il y a quatre millions de lépreux en Inde. La lèpre est une maladie peu contagieuse qui atteint les nerfs. Si elle est soignée à temps, on peut guérir lentement.

Ça va, Lakshmi?
Oui, quand je travaille, je ne pense pas à mon mal.
Les lépreux peuvent aussi pratiquer la culture, l'élevage, la pêche. Ici, ils réapprennent à vivre...
Ce sont eux qui nous donnent beaucoup d'amour!

AU FOYER DES MOURANTS

« J'étais très angoissée avant d'entrer
au foyer des mourants. Dès les premiers instants,
la vue de tous ces hommes
et de toutes ces femmes entre la vie et la mort
m'a beaucoup choquée. Mais plus tard,
quelle surprise quand j'ai vu une femme se drapant
dans son sari, toute heureuse de repartir
vivre seule dans la rue, son unique maison. »

Françoise

* Cela signifie "la Maison du cœur pur". C'est le foyer des mourants.

* Pour les hindous, cette eau sacrée aide à mourir dans la paix.

Mère, Malika se sent mieux. Elle se prépare à sortir et voudrait nous remercier.
Je viens...
Environ la moitié des personnes recueillies ici en repartent guéries.
Où va t-elle aller? Elle n'a plus de famille, pas de travail. Elle va retrouver la misère en retrouvant la rue.
Laissons-la libre... C'est aussi une manière d'être à son service.
NH 27

LE SOIR
A LA MAISON DES SOEURS

« Un jour, nous avons participé à la prière, des Missionnaires de la Charité. Une force se dégageait de tous ces visages silencieux. Je sentais que leur immense et fatigant travail de la journée ne serait pas possible sans ces moments-là... »

Benoît

Six heures et demie... Il est temps de rentrer.
Missio de la CHARI
Bonsoir, Mère!

La journée des Missionnaires de la Charité est rythmée par la prière : une messe chaque matin à six heures, une prière commune à midi et une le soir.
"Seigneur, rends-nous dignes de servir nos frères qui vivent et meurent dans la pauvreté et la faim. Donne-leur, par nos mains, leur pain quotidien, et par notre compréhension l'amour, la paix et la joie."
29

Soeur Fabienne,
une Missionnaire de la Charité,
parle ainsi de leur travail:
"Humainement, notre vie peut sembler impossible.
C'est une vie de fou.
Sans la foi au Christ, elle est intenable.
Sans son amour, elle est inexplicable."

Des paroles de Mère Teresa :

"Ma communauté, ce sont les pauvres.
Leur sécurité, c'est ma sécurité.
Leur santé, c'est ma santé.
Ma maison, c'est la maison des pauvres.
Ceux que l'on n'approche pas,
parce qu'ils sont contagieux et sales,
plein de microbes et couverts de vermine.
Ceux qui ne vont pas prier,
parce qu'ils ne peuvent sortir nus.
Ceux qui ne mangent plus,
parce qu'ils n'ont plus de force.
Ceux qui tombent dans la rue
en sachant qu'ils vont mourir,
et près desquels
les vivants passent en se détournant.
Ceux qui ne pleurent plus,
parce qu'ils n'ont plus de larmes..."

QUI EST MÈRE TERESA ?

Le vrai nom de Mère Teresa est Agnès Bojaxhiu. Elle est née le 27 août 1910 à Skopje, en Yougoslavie. Elle décide très jeune de devenir religieuse et part en Inde à dix-huit ans. Elle est professeur d'histoire et de géographie, puis directrice d'une école privée de Calcutta.

Le 10 septembre 1946, alors qu'elle se rend à Darjeeling, Mère Teresa est soudain bouleversée par la misère effroyable de tant d'Indiens vivant dans des bidonvilles. Elle se sent appelée par Dieu à se mettre au service des plus pauvres parmi les pauvres.

Mère Teresa demande alors la permission de quitter son travail de directrice. Et le 21 décembre 1948 elle ouvre une première école pour enfants pauvres dans un bidonville de Calcutta. Elle abandonne son habit de religieuse et s'habille comme une Indienne, avec un sari blanc bordé de bleu.

Quelques mois plus tard, une des anciennes élèves indiennes de Mère Teresa vient vivre avec elle : « Sœur Agnès » devient la première religieuse missionnaire de la Charité. Bientôt d'autres suivent, de plus en plus nombreuses. Des hommes demandent aussi à travailler avec Mère Teresa : les Frères missionnaires de la Charité naissent en 1963. Plusieurs centres s'ouvrent en Inde. Puis, en 1965, un premier centre est créé hors de l'Inde, à Caracas (Venezuela).
De plus en plus connue dans le monde entier, Mère Teresa reçoit plusieurs prix qui l'aident à développer son action au service des plus pauvres. En 1979, elle reçoit le prix Nobel de la Paix.

Elle multiplie les voyages pour visiter les centres qui s'ouvrent dans de nombreux pays. Pourtant son cœur se fatigue : elle est hospitalisée en septembre 1989. Elle veut donner sa démission de supérieure de son ordre en septembre 1990, mais les sœurs missionnaires de la Charité la supplient de rester. Alors, à 80 ans, Mère Teresa accepte courageusement de continuer son œuvre. « Si c'est la volonté de Dieu, dit-elle, je le servirai de mon mieux. »
Il y a aujourd'hui plus de 2 760 sœurs et 360 frères missionnaires de la Charité. 420 centres existent dans 95 pays. En France, un centre s'est ouvert à Marseille et deux à Paris.

Pour toute aide ou tout renseignement : Les Amis de Mère Teresa 163, avenue de Gaulle 69160 Tassin-la-Demi-Lune

Dans la même collection Astrapi/Centurion :

- Des albums en bandes dessinées :

© 1983 Édition du Centurion / Astrapi
ISBN 2.227.61045.X
Loi 49956 du 16 juillet 1949
sur les publications destinées à la jeunesse
Droits de reproduction et d'adaptation
réservés pour tous pays
N° éditeur : 1035

Dépôt légal, décembre 1990
Aubin Imprimeur, 86000 Poitiers (P 36493)
Imprimé en France